la famille

Textes d'**Audrey Guiller**
Illustrations de **Princesse Camcam**

MILAN

Une famille, c'est grand comment ?

Un papa, une maman et un seul enfant : voilà à quoi ressemble la majorité des familles en France. Mais pour former une famille, il suffit d'être deux : un couple sans enfants ou un papa et sa fille, par exemple.

Ta **famille proche**, c'est celle avec qui tu habites. Tes parents et tes frères ou sœurs, si tu en as. À partir de trois enfants, on dit que la famille est nombreuse.

Ta **famille élargie**, tu la vois lors des grandes fêtes. Ce sont tes grands-parents, les frères et sœurs de tes parents (tes oncles et tantes) et leurs enfants (tes cousins).

Imagine-toi en homme préhistorique : ta famille aurait été une **tribu** d'au moins 50 personnes, qui chassent et cueillent au même endroit.

Qu'est-ce qu'un livret de famille ?

C'est un carnet que l'on donne aux parents quand ils ont des enfants ou en adoptent. On y lit les noms des membres d'une famille : grands-parents, parents et enfants.

Dans une famille, porte-t-on tous le même nom ?

Tu es unique et pourtant d'autres personnes ont sans doute le même prénom que toi. Pour vous différencier facilement, tu portes aussi un nom de famille. Avant, une famille partageait un seul nom : celui du père. Ce n'est plus toujours le cas.

Quand les noms de famille ont été inventés, tous les membres d'une famille portaient le même. Il décrivait une **particularité** de la famille : d'où elle venait (la famille Duchamp) ou bien à quoi elle ressemblait (la famille Legrand).

Avant, pour former une famille, un homme et une femme devaient forcément **se marier**. L'homme donnait son nom à sa femme et à ses enfants. Maintenant, on est une famille même sans parents mariés. Ce qui relie ses membres, c'est **l'amour** qu'ils partagent, pas le nom.

Depuis peu, les parents ont le droit de donner à leur enfant soit le nom du papa, soit le nom de la maman, soit les **deux noms** collés.

Faut-il un papa et une maman pour faire une famille ?

Pour concevoir un enfant, il faut forcément un homme et une femme. Pour l'élever, ce n'est pas obligé. On voit des familles avec un, deux ou trois parents. Elles ne se ressemblent pas, mais ce sont toutes de vraies familles.

Dans la maison d'une famille **monoparentale**, il n'y a qu'un parent. En général, c'est une maman. Elle vit seule avec ses enfants parce que leur père est mort ou, plus souvent, parce que le couple est séparé.

Un papa a deux filles. Un jour, il se sépare de leur maman et a un petit garçon avec une nouvelle amoureuse. À eux cinq, ils sont une famille **recomposée**. Les filles ont un papa, une maman, une belle-maman et un demi-frère.

Quand deux femmes ou deux hommes s'aiment et élèvent un enfant, ils forment une famille **homoparentale**. Les deux parents du même sexe n'ont pas fabriqué l'enfant ensemble, mais ils en prennent soin ensemble.

Une famille, à quoi ça sert ?

Dans une famille, on se sent à l'abri. Les gens prennent soin les uns des autres. Ils se protègent, s'entraident et s'apprennent des choses.

Dans une famille, on est **solidaires** : on se rend des services. Les parents doivent nourrir et loger leurs enfants. Quand les enfants sont grands, c'est à leur tour de prendre soin de leurs vieux parents, s'ils en ont besoin.

Une famille, c'est une petite bulle où les grands veillent sur les petits et les éduquent. Les enfants s'y sentent assez à l'aise pour grandir, apprendre en imitant les adultes et prendre **confiance** en eux. Une famille, ça rassure.

Au temps des chevaliers, si un membre de la famille était attaqué, tous les autres venaient le défendre. On se sent plus **protégé** et plus fort quand on appartient à un groupe.

Pourquoi les parents veulent-ils des enfants ?

La première source de bonheur des parents français, ce sont leurs enfants, disent-ils. Les enfants, ça permet de donner et de recevoir de l'amour. Les parents sont fiers de faire naître une nouvelle génération.

Dans la famille, qui est le chef ?

Aujourd'hui, les parents ont un pouvoir égal et on reconnaît que les enfants sont des personnes importantes, qui ont des droits. Mais ils ne sont pas des rois...

En France, la famille a longtemps été **patriarcale** : le papa était le chef, il commandait tout. Il pouvait choisir le mari de sa fille sans rien lui demander. Ton arrière-grand-mère ne pouvait même pas signer les bulletins scolaires de ses enfants.

En général, même si les mamans travaillent, elles passent deux fois plus de temps avec leurs enfants que les papas. À la maison, ce sont elles qui décident de l'organisation du quotidien. Après un divorce, c'est surtout la maman qui demande la **garde** des enfants. Ils ne vivent plus avec leur papa tous les jours.

Ce sont tes deux parents qui détiennent **l'autorité**, c'est-à-dire le pouvoir de se faire obéir. Parce qu'ils savent plus de choses que les enfants. Mais dans la famille d'aujourd'hui, chacun a droit à la parole. On écoute aussi l'avis des petits.

Est-on obligé d'aimer sa famille ?

Le devoir d'aimer sa famille n'est écrit nulle part. Souvent, on l'aime naturellement, parce qu'elle nous aime. Dans la vie, on doit gagner l'amour des autres. Dans sa famille, en revanche, on l'obtient directement.

Quand tu es né, tu avais peut-être une tête chauve et rouge et des oreilles en pointe. Mais tes parents t'ont trouvé magnifique. Pour grandir, on a **besoin d'amour** autant que de lait.

Dans la cour de récréation, tu **choisis** tes copains. À la maison, tu n'as pas choisi ton frère ou ta sœur. Si ton papa ne veut plus parler à ton tonton par exemple, il a le droit. On n'est pas obligé d'accepter de voir quelqu'un qui nous a fait du mal, même s'il fait partie de notre famille.

« Je ne t'aime plus ! », hurle Capucine à sa sœur. Elle ne le pense pas vraiment, mais elle est **fâchée**. On raccommode l'amour en se parlant, en s'excusant et en acceptant que l'autre ne pense pas comme nous.

Pourquoi se donne-t-on des petits surnoms ?

« Ma puce » ou « mon trésor » : ces petits noms tendres et doux que tes parents te donnent montrent qu'ils t'aiment, que tu es spécial et unique à leurs yeux.

Pourquoi ne peut-on pas se marier avec son frère ?

En France, on peut se marier avec ses cousins, mais la loi interdit de se marier avec quelqu'un de sa famille proche. On fait des bisous sur la bouche à son amoureux, mais des bisous sur la joue à son frère ou à sa sœur.

Un frère et une sœur n'ont pas le droit de se marier car leurs bébés risqueraient d'avoir des problèmes de **santé**.

Avant, se marier avec quelqu'un d'une autre famille servait à **préserver la paix.** Quand la fille du seigneur Capulet épousait le fils du seigneur Montaigu, les deux clans devenaient amis et cessaient la guerre.

L'inceste, c'est avoir des relations sexuelles avec quelqu'un de sa famille. C'est interdit. Un grand ou un adulte de ta famille n'a pas le droit de toucher ton sexe. Ton corps est à toi.

Peut-on être amoureux de ses parents ?

Petit, on se sent parfois amoureux de son papa ou de sa maman. Cela veut dire que l'on grandit, que l'on se sent garçon ou fille et que l'on apprend à aimer. Mais épouser ses parents, c'est impossible !

Peut-on changer de parents ?

Un papa et une maman, c'est pour la vie, on ne peut pas en changer même si parfois on en a bien envie ! Si les parents des copains ont l'air plus sympas, c'est parce qu'on ne les connaît pas vraiment et qu'on n'habite pas avec eux tous les jours.

Ina est née en Inde, fabriquée par un homme et une femme qui ne pouvaient pas prendre soin d'elle. Paul et Léa l'ont **adoptée**. Ils l'ont ramenée en France pour l'élever et l'aimer toute la vie : ils sont devenus ses parents.

Tes parents doivent s'occuper de toi. Tu es obligé d'habiter avec l'un ou les deux jusqu'à tes 18 ans : l'âge où l'on peut se débrouiller comme un grand. Cela s'appelle la **majorité.**

Un couple espère rester ensemble pour toujours. Mais, parfois, ils ne s'entendent plus assez bien et décident qu'ils seront plus heureux en vivant **séparés.** Ce n'est jamais la faute des enfants.

En France, un enfant sur quatre a des parents qui ne vivent plus dans la **même maison.** Mais ils continuent à l'aimer comme avant. Les parents peuvent divorcer l'un de l'autre, mais ils ne peuvent jamais divorcer de leurs enfants.

Les parents décident-ils de tout ?

Il n'y a pas d'école pour apprendre à être parent ! Dans chaque pays, des lois disent aux familles ce qu'elles ont le droit de faire ou pas. En France, on est obligé de donner toit, nourriture et éducation à ses enfants.

Lorsqu'un papa et une maman divorcent, un juge les rencontre au tribunal. Il contrôle que les parents continueront tous les deux à bien s'occuper de leur enfant, selon les règles françaises sur **l'autorité parentale.**

Pour que la population ne soit pas trop nombreuse, la Chine a décidé que les parents chinois ne devaient avoir **qu'un seul enfant.** S'ils en veulent plus, ils doivent payer des amendes.

Dans certains pays comme l'Égypte ou l'Iran, un homme a le droit d'être marié à plusieurs femmes en même temps : il est **polygame.** En Inde, un homme a épousé 39 femmes et il a eu 86 enfants ! En France, c'est interdit.

Les enfants ont-ils des droits ?

Les enfants ont le droit de voir leur famille proche et de ne jamais être frappés fort. Personne ne doit les obliger à travailler comme des adultes. Malheureusement, ces droits ne sont pas respectés dans tous les pays.

Les morts font-ils partie de la famille ?

Une famille regroupe des gens vivants et d'autres qui sont morts. Tu en as connu certains et tu aimes t'en souvenir. Ceux que tu n'as jamais vus font quand même partie de l'histoire de ta famille.

Quand un papi ou une mamie meurt, on continue à **penser** à eux, à parler d'eux et à les aimer. En Amérique du Sud, les Incas donnaient le nom du mort à une pierre. Ils l'emmenaient partout pour qu'elle leur porte bonheur.

Ceux qui sont morts laissent de petits **témoignages** de leur existence : une photo, un livre que tu aimais lire avec eux. En Indonésie, on fabrique une statuette du mort que l'on expose dans la rue, comme s'il continuait à veiller sur les vivants.

Si quelqu'un meurt, sa famille élargie se **réunit** au cimetière pour penser à lui. Au Congo, la maison d'un mort est ouverte pendant 40 jours. Les amis et la famille viennent y dormir, chanter, pleurer et réconforter les proches du mort.

Qu'est-ce qu'un arbre généalogique ?

La généalogie, c'est la liste des membres de ta famille. La dessiner en forme d'arbre permet de voir en un coup d'œil les liens entre tous les membres de ta famille. Sinon, quel embrouillamini !

Une famille compte plusieurs **générations**, c'est-à-dire plusieurs personnes nées à des époques différentes. L'arbre généalogique montre dans quel ordre ces générations se suivent.

La cime de l'arbre généalogique c'est toi, tes frères et tes sœurs. Les branches sont tes deux parents, tes oncles et tantes, et les racines représentent tous tes **ancêtres.**

L'arbre n'arrête jamais de pousser, parce que la famille s'agrandit. Aujourd'hui tu es un enfant. Plus tard, tu deviendras peut-être un parent, puis un papi ou une mamie. Tu ne quitteras jamais l'arbre de ta famille, mais tu donneras naissance à de **nouvelles branches.**

À quoi sert la généalogie ?

Dessiner un arbre généalogique est un long travail souvent commencé par un membre de ta famille qui voulait connaître son passé ; c'est l'occasion de savoir d'où l'on vient et de trouver des ancêtres inconnus.

Pourquoi habitait-on avec ses grands-parents, avant ?

La famille d'autrefois ne ressemble pas à celle d'aujourd'hui. Avant, les parents ne divorçaient pas et on avait au moins quatre frères ou sœurs. Mais pas un mot au dîner : les enfants n'avaient pas le droit d'y parler.

Si tu étais né dans une famille riche, tes parents ne t'auraient pas éduqué : une **nourrice**, puis une **gouvernante** l'auraient fait à leur place. Ils ne t'auraient sûrement jamais dit qu'ils t'aimaient. Cela ne se faisait pas.

À la campagne, toutes les **générations** dormaient dans la même maison pour des raisons pratiques. La mamie élevait les enfants pendant que la mère s'occupait de la maison et que le père gagnait de quoi faire vivre la famille.

Avant, on donnait à un bébé le même prénom que son grand-père qui allait mourir. C'était une manière de montrer que dans la famille, vieux et jeunes sont **liés.**

Qu'est-ce qu'un aîné ?

L'aîné, celui des enfants qui est né le premier, était le chouchou. C'est lui seul qui héritait de la ferme ou de l'argent de ses parents autrefois. Ouf ! Aujourd'hui, il n' y a plus de préféré.

Toutes les familles du monde se ressemblent-elles ?

Dans le monde, il y a des modèles de familles différents liés aux coutumes et à l'histoire de chaque pays. En France, les couples sont libres de se marier par amour et d'avoir autant d'enfants qu'ils veulent. C'est une chance.

Comme la plupart des petits Japonais, Kiku est **fils unique**. Sa maman s'occupe de lui, son papa n'a pas le temps. Son grand cousin Hashi s'est marié mais il habite chez ses parents avec sa femme : c'est plus facile et moins cher.

En Afrique, la famille est en général très étendue : Aichatou, au Niger, vit avec ses parents et les deux autres femmes de son père, avec ses dix frères et sœurs et ses grands-parents. Quand elle parle à son grand-père, elle l'appelle toujours « **mon papi très respecté** » car il est le patriarche de la famille.

Comme dans beaucoup de familles indiennes très pauvres, Ayesha vient de se marier à 16 ans à un homme qu'elle connaît à peine. Son père l'a choisi pour elle, c'est un **mariage arrangé**. Sa famille espère qu'Ayesha aura vite un fils : en Inde, les filles sont très souvent considérées comme un fardeau.

Pourquoi mon cousin parle-t-il italien ?

Quand deux personnes fondent une nouvelle famille, chacune apporte avec elle son histoire, sa culture et, parfois, sa religion et sa couleur de peau. Une famille est un beau mélange de gens qui ne se ressemblent pas forcément.

Certaines familles déménagent de leur pays vers un autre pour fuir la guerre ou trouver un travail : elles **émigrent.** En France, un enfant sur cinq a au moins un parent ou un grand-parent né à l'étranger.

Une Française et un Espagnol qui se marient forment un **couple mixte**, car ils ont deux nationalités différentes. Leurs enfants sont souvent bilingues : ils parlent la langue de leur père et celle de leur mère.

La mère d'Aya a la peau blanche, son père a la peau noire. Elle, c'est un mélange des deux : on dit qu'elle est **métisse**. Elle vit en France, mais passe ses vacances avec ses cousins au Tchad, le pays d'Afrique où est né son papa.

Les animaux vivent-ils en famille ?

Dans beaucoup d'histoires, les animaux vivent en famille.
En vrai, c'est très rare. Le plus souvent, c'est la femelle qui nourrit, surveille seule les petits et leur apprend comment survivre.

Les mâles et les femelles animaux ne restent ensemble qu'au moment de la **reproduction.** Sitôt leur union terminée, la plupart se séparent. Ils ne fondent pas une famille, mais sont programmés pour faire vivre leur espèce.

Chez l'éléphant, les mères vivent en clan pour élever ensemble les plus jeunes ; les pères et les jeunes mâles vivent en groupe **de leur côté.** L'hippocampe est l'un des rares mâles à avoir la garde de sa progéniture, qu'il porte dans son ventre.

Si tu étais le bébé de tortues marines, tu n'aurais jamais vu tes parents, mais tu naîtrais avec des centaines de frères et sœurs. La maman pond et n'est plus là quand les petites se dandinent jusqu'à la mer, avant de vivre **en solitaire**.

Beaucoup d'oiseaux mâles et femelles couvent et nourrissent leurs oisillons à deux. Certains couples de perroquets passent même toute leur vie ensemble : on les appelle les **inséparables**.

Quand je serai grand, serai-je comme mes parents ?

Les enfants ne sont pas la copie de leurs parents en plus petit ! Tes parents aiment te transmettre leurs idées et leurs croyances. Mais chaque enfant a ses goûts et, plus grand, tu feras tes propres choix.

Avant, le fils d'un boulanger devenait boulanger. Les métiers s'apprenaient dans les familles, qui gardaient le secret de leur **savoir-faire**. Aujourd'hui, chacun peut apprendre le métier qu'il veut en allant à l'école et en faisant des études plus tard.

Tu as les cheveux blonds de ta maman et des allergies comme ton papa ? Ils font partie de ton **patrimoine génétique** : ton corps a reçu des particularités que tes deux parents t'ont transmises automatiquement.

On croyait autrefois que l'habileté, le courage ou le don pour la musique étaient **innés** : comme si on les avait dans le sang, dès sa naissance. Maintenant, on sait que ce sont des qualités que l'on peut acquérir, c'est-à-dire apprendre.

Qu'est-ce qu'un héritage ?

Un héritage, c'est ce que l'on reçoit des générations précédentes. Quand un parent meurt, la plus grande partie de l'argent ou de la maison qu'il avait revient à ses enfants.

Découvre les autres titres de la collection

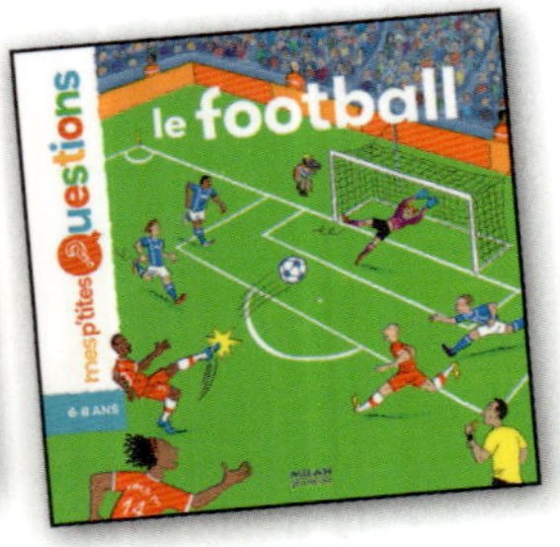

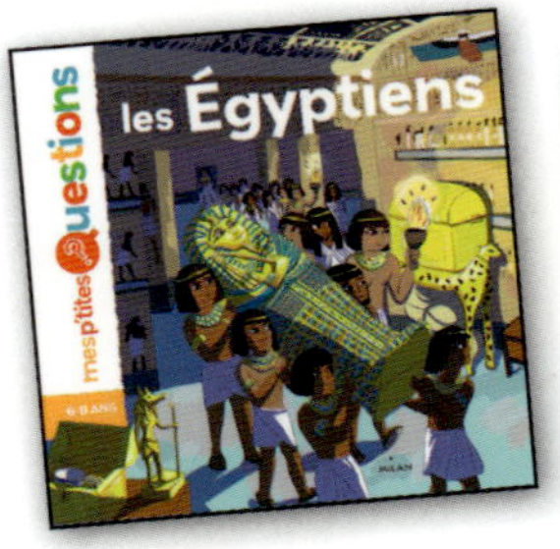

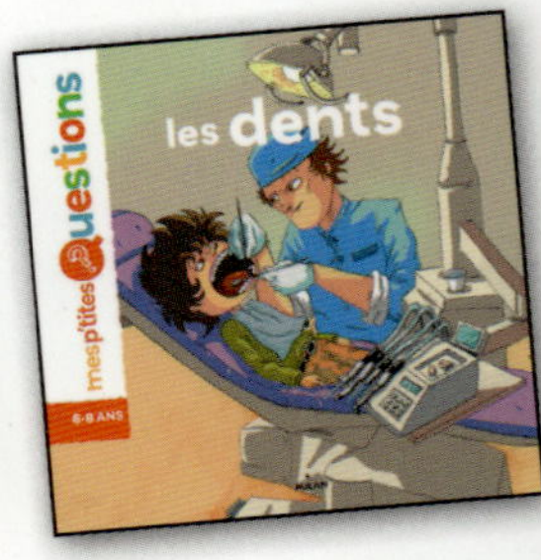